Totalement irrésistibles !

IRRÉSISTIBLES · IRRÉSISTIBLES ·

★★★

Dans la collection « Irrésistibles »

Conception graphique et réalisation : BABYLONE 19

Connectez-vous sur www.www.editionsdelamartiniere.fr

ISBN : 978-2-7324-5588-4

Boules & Boulettes

CHAE RIN VINCENT

Photographies : Aimery Chemin
Stylisme : Chae Rin Vincent

Éditions
de La Martinière

Avant-propos

SOUVENIR D'ENFANCE. Haute comme trois pommes, je me vois former des boulettes… Dans un verre à moutarde, je secoue une cuillère à soupe d'un mélange de viande saupoudré de farine. Et je secoue… secoue de bas en haut, de droite à gauche jusqu'à ce que roulent de petites sphères qui, après cuisson, feront mon régal (méthode fort peu concluante, j'en conviens, mais qui présentait l'avantage d'occuper une fin de matinée pluvieuse, j'imagine). Je les dispose à la queue leu leu en attendant que leur sort soit scellé par une cuisson dont je ne connais pas encore les secrets.

De ces « parties de boules » me restent des images de farine qui vole, de mains maculées, et ce sentiment de fierté de faire de la « pâte à modeler » pour de vrai ! J'avoue que passé la dizaine de boulettes, je me lassais rapidement de ce petit exercice.

JAMAIS JE N'AI CESSÉ DE M'EN RÉGALER !

À CHACUN SES BOULETTES

Avec cette douce rondeur, ces petites sphères gourmandes et régressives nous font craquer à tous les coups. Il suffit simplement de trouver boulette à sa fourchette.

AU POISSON OU À LA VIANDE

Les fameux *meatballs* qu'affectionnent les Américains. Les boulettes se la jouent avec ou sans sauce, se piquent de brochettes (nipponnes) ou filent se ranger dans une baguette comme dans le *banh mi*. Des herbes ou une épice et nous voilà ailleurs. Délicieusement.

AUX LÉGUMES, FÉCULENTS, PROTÉINES VÉGÉTALES OU FROMAGE

Qui a dit que les recettes végétariennes étaient tristes ? Ces boulettes-là vont faire rouler les préjugés aux oubliettes ! Regardez mes boulettes de riz poétiques. À croquer, je vous dis ! La salade maboule ? Un régal pour qui aime le végétal !

FAÇON POCHETTE-SURPRISE.

À l'affût du gourmand, quelques rondes se font désirer. Il faut les croquer pour découvrir leur cœur de fromage coulant, de caramel débordant ou encore de chocolat gourmand. Le *daifuku moshi*, lui, recèle une fraise qui exhale ses parfums dans un écrin de riz doux comme une peau de pêche.

QUESTION DE MÉTHODE

Pour rouler plus facilement les boulettes, assurez-vous que le mélange à façonner soit suffisamment compact. Si ce n'est pas le cas, direction le réfrigérateur. Et si, malgré tout, la farce s'évertue à coller vos doigts, humectez vos mains d'eau froide.

Il faut se rendre à l'évidence : la boulette touche au sensuel, on malaxe, on triture jusqu'à ce que forme sphérique s'ensuive. L'heure de la dégustation ne fait pas exception. Ici aussi, le toucher a son importance. La tentation est grande d'attraper ces boules gourmandes direct entre le pouce et l'index. Attention, il faut parfois faire preuve de stratégie, certaines boulettes fourbes s'en vont rouler pour mieux vous échapper !

Les plus chagrins objecteront que la préparation de boulettes qui poissent leurs mimines, ce n'est décidément pas pour eux. Si vraiment l'idée de mettre la main à la pâte vous rebute, ne vous privez pas du plaisir des boulettes pour autant. Il m'en coûte de vous le dire, mais cédez aux gants fins jetables. Ce n'est pas très développement durable, on perd le toucher sphérique si réjouissant, mais au moins des boulettes victorieuses jailliront de vos mains ! Boulettes power !

POUR FAIRE COURT, c'est rond, c'est doux, réconfortant et ludique, on croque, on fait mumuse et miami en même temps ! C'est drôle, ça roule & roll.

Roulez, boulez ! Les parties de boulettes, c'est toute l'année ! De toute façon, les meilleures boulettes seront les vôtres, je vous le garantis !

Sommaire

Falafels sauce sésame

veggie

PRÉPARATION :
30 minutes
CUISSON :
20 minutes
TREMPAGE :
24 heures
REPOS :
1 heure

Les courses !

POUR 6 PERSONNES (30 FALAFELS)

500 g de pois chiches secs
500 g de fèves concassées sèches
2 oignons hachés
3 gousses d'ail hachées
½ bouquet de persil plat ciselé
½ bouquet de coriandre ciselé
2 cuil. à café de cumin en poudre
1 cuil. à café de piment doux en poudre
4 pincées de bicarbonate de soude
Sel
Poivre du moulin
Huile de friture

POUR LA SAUCE :
6 cuil. à soupe de crème de sésame
Le jus de 2 citrons
Sel
Poivre du moulin

LA VEILLE, FAITES TREMPER les pois chiches et les fèves dans un grand saladier d'eau froide.

LE JOUR MÊME, ÉGOUTTEZ LES LÉGUMES SECS et mixez-les afin d'obtenir une purée épaisse. Passez-la au moulin à légumes (grille fine). Ajoutez les oignons, l'ail, les herbes, les épices et le bicarbonate. Mélangez bien le tout et laissez reposer au frais pendant 1 heure.

PRÉPAREZ LA SAUCE : incorporez le jus de citron à la crème de sésame. Complétez avec un peu d'eau pour rendre la sauce un peu plus liquide. Salez et poivrez. Réservez.

AVEC LA PRÉPARATION, FAÇONNEZ DES BOULETTES de la taille d'une noix. Portez l'huile de friture à 180 °C puis plongez les boulettes 5 minutes. Égouttez-les sur du papier absorbant.

SERVEZ LES FALAFELS avec la sauce au sésame et quelques feuilles de salade.

PS : pour une version plus printanière, essayez avec des fèves fraîches. Vous m'en direz des nouvelles !

Banh mi aux boulettes

PRÉPARATION :
20 minutes
CUISSON :
10 minutes
REPOS :
1 heure

Les courses !

POUR 6 PERSONNES

6 baguettes courtes (24 cm) bien croustillantes ou 3 baguettes coupées en deux
1 cuil. à soupe d'huile pour la cuisson

POUR LES BOULETTES :
350 g d'échine de porc hachée
½ bouquet de coriandre ciselé
2 gousses d'ail pressées
1 cuil. à soupe de fécule de maïs
1 cuil. à café de gingembre frais râpé
1 cuil. à soupe de nuoc mam
1 cuil. à soupe d'huile de sésame

POUR LA GARNITURE :
3 carottes en fines lanières
1 concombre épépiné en petites tranches
1 oignon rouge émincé en fines lamelles
1 bouquet de coriandre
4 cuil. à soupe de mayonnaise
Le jus de 1 citron vert
1 cuil. à soupe de sauce pimentée asiatique (à moduler selon votre goût et tolérance au piment)
15 cl de vinaigre de riz
1 cuil. à café de sucre semoule
1 cuil. à café de sel

PRÉPAREZ LA GARNITURE : dans un saladier, faites fondre le sel et le sucre dans le vinaigre de riz. Ajoutez les carottes et mélangez. Laissez mariner 1 heure au réfrigérateur.

MÉLANGEZ LA MAYONNAISE, le jus de citron vert et la sauce pimentée. Réservez également au réfrigérateur.

PRÉPAREZ LES BOULETTES : dans un saladier, mélangez la viande hachée avec le reste des ingrédients. Réservez 30 minutes au réfrigérateur.

AVEC LA PRÉPARATION, façonnez des petites boulettes de 2 cm de diamètre en les roulant entre la paume de vos mains.

FAITES CHAUFFER L'HUILE DANS UNE POÊLE puis faites dorer les boulettes 10 minutes en les retournant régulièrement. Réservez au chaud.

OUVREZ LES BAGUETTES EN DEUX. Tartinez chaque moitié de mayonnaise pimentée. Déposez 1 couche de concombre puis de carottes aigres-douces égouttées et de lamelles d'oignon. Ajoutez les boulettes et quelques brins de coriandre. Refermez les banh mi avec l'autre moitié de baguette.

PS : je n'insisterai jamais assez sur l'importance de choisir une baguette bien dorée, croustillante à souhait. Pour cette recette, évitez les baguettes Tradition.

Boulettes **de riz** au **fromage**

veggie

PRÉPARATION :
30 minutes
CUISSON :
20 minutes

Les courses !

POUR 6 PERSONNES (24 BOULETTES)

300 g de riz Arborio ou Carnaroli
1 oignon haché
80 g de parmesan fraîchement râpé
40 g de beurre
1,5 litre de bouillon de légumes
10 cl de vin blanc sec
4 œufs
250 g de mozzarella au lait de bufflonne
250 g de chapelure + un peu pour le risotto
200 g de farine
Sel
Poivre du moulin
Huile de friture

PRÉPAREZ LE RISOTTO : faites chauffer le bouillon et maintenez au chaud.

FAITES FONDRE LE BEURRE DANS UNE SAUTEUSE puis faites suer l'oignon jusqu'à ce qu'il devienne translucide. Ajoutez le riz et mélangez pour bien l'enrober de beurre. Laissez-le nacrer sur feu doux quelques minutes. Versez le vin. Une fois évaporé, ajoutez 1 louche de bouillon. Attendez qu'elle ait été totalement absorbée par le riz avant d'en ajouter une autre. Faites ainsi cuire le riz pendant 20 minutes environ à feu doux (il doit rester al dente) en versant le bouillon louche après louche. Salez, poivrez et ajoutez le parmesan. Laissez complètement refroidir le risotto.

DÉCOUPEZ LA MOZZARELLA EN PETITS DÉS. Battez 2 œufs et incorporez-les au risotto refroidi (ajoutez un peu de chapelure si le risotto n'est pas assez compact pour former des boules).

DÉPOSEZ UN PEU DE RISOTTO dans la paume d'une main, aplatissez légèrement, ajoutez quelques dés de mozzarella au centre et refermez le tout pour former 1 boulette de la taille d'une grosse noix. Préparez 3 assiettes creuses. Dans l'une, versez la farine ; battez les 2 œufs restants dans la deuxième et déposez la chapelure dans la dernière. Faites rouler les boulettes dans chaque assiette, en respectant l'ordre des ingrédients.

FAITES CHAUFFER L'HUILE DE FRITURE À 180 °C. Plongez les boulettes 5 minutes environ jusqu'à ce qu'elles soient bien dorées. Égouttez-les sur du papier absorbant. Dégustez aussitôt.

PS : la recette idéale pour accommoder des restes de risotto. Si le riz colle trop pour former les boulettes, humectez vos mains avec un peu d'eau. À moins que vous n'ayez pas suffisamment attendu que le risotto soit complètement refroidi ! Et s'il vous reste des boulettes ? Le lendemain, réchauffez-les 10 minutes au four à 180 °C (th. 6).

Boules de **riz poétiques**

veggie

PRÉPARATION :
20 minutes
REPOS :
30 minutes
CUISSON :
15 minutes

Les courses !

POUR 12 BOULES

300 g de riz rond asiatique (pour les sushi)
1 cuil. à soupe de mirin (saké doux pour la cuisine)
3 cuil. à soupe de vinaigre de riz
2 cuil. à soupe de sucre semoule
1 cuil. à soupe de sel
2 cuil. à soupe d'huile de sésame
Furikake ou ochazuke (en épiceries asiatiques ou sur Internet)

LAVEZ LE RIZ DANS UNE PASSOIRE en remuant bien jusqu'à ce que l'eau qui s'écoule soit limpide. Laissez égoutter 30 minutes environ.

FAITES CUIRE LE RIZ À COUVERT dans 30 cl d'eau bouillante avec le mirin. Lorsque l'eau bout à nouveau, diminuez l'intensité du feu tout en maintenant l'ébullition et laissez cuire avec le couvercle pendant 5 minutes. Baissez ensuite le feu au minimum et continuez la cuisson 10 minutes environ. Retirez le couvercle et laissez reposer le riz sous un torchon.

FAITES CHAUFFER DOUCEMENT LE VINAIGRE DE RIZ avec le sel et le sucre jusqu'à ce que le sucre soit dissous. Laissez refroidir. Ajoutez l'huile de sésame et incorporez délicatement ce mélange au riz, en veillant à ne pas écraser les grains.

HUMIDIFIEZ VOS MAINS ET FORMEZ DES BOULES de 4 cm de diamètre. Parsemez de furikake ou ochazuke selon votre goût. Savourez sans tarder.

PS : le furikake est un condiment de la cuisine japonaise que l'on parsème sur des plats de riz. Il en existe au saumon, aux légumes, à la prune, au wasabi... Délicieux et ravissants.

Pita **boulettes** de **bœuf** **sur taboulé** de boulgour

PRÉPARATION :
25 minutes
CUISSON :
18 minutes

Les courses !

POUR 6 PERSONNES (24 BOULETTES)

6 pains pita
Quelques feuilles de salade
2 cuil. d'huile d'olive
1 petit flacon de sauce au yaourt

POUR LES BOULETTES :
400 g de bœuf haché
1 petit œuf
1 oignon haché
1 gousse d'ail hachée
1 cuil. à soupe de zahtar (en épiceries orientales)
25 g de raisins secs jaunes hachés
8 brins de coriandre ciselés
30 g de chapelure
Sel et poivre du moulin

POUR LE TABOULÉ :
150 g de boulgour
1 tomate
½ concombre
10 brins de ciboulette ciselés
10 feuilles de menthe ciselées
10 brins de coriandre ciselés
1 pincée de cumin en poudre
1 cuil. à café rase de paprika
Le jus de 1 citron
3 cl d'huile d'olive extra-vierge
Sel et poivre du moulin

PRÉPAREZ LE TABOULÉ : faites cuire le boulgour 10 minutes dans une casserole d'eau bouillante salée. Égouttez et laissez tiédir.

PELEZ ET ÉPÉPINEZ LA TOMATE ET LE CONCOMBRE. Coupez-les en brunoise. Dans un saladier, mélangez le boulgour, les dés de tomate et de concombre. Ajoutez les herbes, les épices, le jus de citron et l'huile d'olive. Salez, poivrez et mélangez (ajoutez un filet d'huile si le taboulé paraît trop sec). Laissez reposer au frais.

PRÉPAREZ LES BOULETTES : dans un saladier, mélangez tous les ingrédients. Salez et poivrez. Façonnez des boulettes de 2 à 3 cm de diamètre en les roulant entre la paume de vos mains. Faites chauffer l'huile d'olive dans une poêle puis faites dorer les boulettes 5 minutes environ en les retournant régulièrement.

RÉCHAUFFEZ LES PAINS PITA AU GRILLE-PAIN ou 3 minutes au four à 200 °C (th. 6-7). Découpez l'extrémité des pains et garnissez-les de taboulé, de boulettes et de salade. Versez 2 cuillerées à soupe de sauce au yaourt. Et mordez à pleines dents !

PS : le zahtar (ou zaatar) est un assemblage d'épices du Moyen-Orient souvent utilisé pour les cuissons de viande ou pour tremper le pain, mélangé à de l'huile d'olive. Il est composé de graines de sésame grillées, de thym, de sumac, d'origan et de coriandre. Mais selon les pays et les épiciers, sa composition ainsi que les proportions de ses ingrédients varient.

Boulettes **de riz** aux **légumes**

veggie

PRÉPARATION :
25 minutes
REPOS :
30 minutes
CUISSON :
17 minutes

Les courses !

POUR 12 BOULETTES

300 g de riz rond asiatique (pour les sushi)
1 cuil. à soupe de mirin (saké doux pour la cuisine)
3 cuil. à soupe de vinaigre de riz
2 cuil. à soupe de sucre semoule
1 cuil. à soupe de sel
2 petites carottes hachées
Les sommités hachées d'une petite tête de brocoli
8 champignons shiitaké hachés
2 feuilles de nori grillé coupées en fines lamelles (1 cm × 1 mm)
3 cuil. à soupe de graines de sésame blanc et noir
2 cuil. à soupe d'huile de tournesol
2 cuil. à soupe d'huile de sésame
Poivre du moulin

LAVEZ LE RIZ DANS UNE PASSOIRE en remuant bien jusqu'à ce que l'eau qui s'écoule soit limpide. Laissez égoutter 30 minutes environ.

FAITES CUIRE LE RIZ AVEC LE MIRIN, à couvert, dans 30 cl d'eau bouillante. Lorsque l'eau bout à nouveau, diminuez l'intensité du feu tout en maintenant l'ébullition et laissez cuire avec le couvercle pendant 5 minutes. Baissez ensuite le feu au minimum et continuez la cuisson 10 minutes environ. Retirez le couvercle et laissez reposer le riz sous un torchon.

FAITES CHAUFFER LE VINAIGRE DE RIZ à feu doux dans une casserole avec le sel et le sucre jusqu'à ce que le sucre soit dissous. Laissez refroidir. Ajoutez délicatement ce mélange au riz, en veillant à ne pas écraser les grains.

FAITES CHAUFFER L'HUILE DE TOURNESOL dans une poêle puis faites revenir les carottes, les champignons et le brocoli 3 minutes en remuant. Mélangez les légumes au riz. Ajoutez les graines de sésame, l'huile de sésame et les lamelles de nori. Poivrez et mélangez. Avec la préparation façonnez des petites boulettes de 3 à 4 cm de diamètre en les roulant entre la paume de vos mains.

PS : à déguster avec une soupe miso ou à emporter comme en-cas dans le panier à pique-nique. À la mode asiatique !

Billes de mozza croquantes

veggie

PRÉPARATION :
15 minutes
CUISSON :
3 minutes

Les courses !

POUR 6 PERSONNES

600 g de billes de mozzarella
4 œufs battus
200 g de farine
250 g de chapelure
Sel
Poivre du moulin
Huile de friture

ÉGOUTTEZ LES BILLES DE MOZZARELLA et épongez-les sur du papier absorbant.

ASSAISONNEZ LA FARINE DE SEL ET DE POIVRE fraîchement moulu.

PRÉPAREZ 3 ASSIETTES CREUSES. Versez la farine assaisonnée dans la première, les œufs battus dans la deuxième et la chapelure dans la troisième.

ROULEZ LES BILLES DE MOZZARELLA dans chacune des assiettes, dans l'ordre des ingrédients, en prenant soin à chaque étape d'enlever l'excédent. Répétez l'opération une seconde fois pour bien les enrober.

FAITES CHAUFFER L'HUILE DE FRITURE (elle est à bonne température si elle grésille lorsqu'on y jette un petit morceau de pain). Plongez les billes de mozzarella panées dans l'huile 3 minutes environ jusqu'à ce qu'elles soient bien dorées. Égouttez-les sur du papier absorbant. Dégustez-les bien chaudes.

PS : à la place des assiettes, vous pouvez utiliser deux petits sachets de congélation remplis de farine et de chapelure. Rien de plus facile alors d'y faire rouler les boulettes !

Boulettes de bœuf aux herbes, sauce tomate

PRÉPARATION :
25 minutes
CUISSON :
50 minutes

Les courses !

POUR 8 PERSONNES

700 g de bœuf haché
1 oignon haché
1 belle gousse d'ail hachée
4 cuil. à soupe de persil plat ciselé
4 cuil. à soupe de basilic ciselé
2 cuil. à soupe d'origan ciselé
1 cuil. à soupe de sumac
2 cuil. à soupe d'huile d'olive
Sel
Poivre du moulin

POUR SAUCE TOMATE :
1,5 kg de tomates
2 carottes
2 branches de céleri
1 oignon émincé
2 gousses d'ail hachées
Quelques brins de basilic ciselés
5 cuil. à soupe d'huile d'olive
Sel
Poivre du moulin

PRÉPAREZ LA SAUCE TOMATE : mondez et concassez les tomates. Lavez et coupez grossièrement les carottes et le céleri. Dans une sauteuse, faites revenir l'oignon avec l'huile d'olive. Lorsqu'il est translucide, ajoutez les légumes et l'ail. Faites mijoter 30 minutes environ.

PASSEZ LA PRÉPARATION AU MOULIN À LÉGUMES (grille fine) ou au mixeur (dans ce cas, filtrez la sauce au chinois). Versez la préparation dans la sauteuse et faites à nouveau mijoter 15 minutes. Salez, poivrez et parsemez de basilic. Réservez.

RÉALISEZ LES BOULETTES : dans un saladier, mélangez la viande, l'oignon, l'ail, les herbes et le sumac. Salez et poivrez. Façonnez des boulettes de 4 cm de diamètre en les roulant entre la paume de vos mains.

FAITES CHAUFFER L'HUILE D'OLIVE dans une poêle puis faites dorer les boulettes 5 minutes en les retournant régulièrement.

SERVEZ LES BOULETTES nappées de sauce tomate.

PS : accompagnez ces boulettes de spaghettis si le cœur vous en dit ! Inutile de préciser que la sauce sera d'autant plus savoureuse que les tomates seront goûteuses !

Boulettes de veau **aux** herbes et **citron confit**

PRÉPARATION :
15 minutes
CUISSON :
7 minutes

Les courses !

POUR 6 PERSONNES

400 g de veau haché
1 petit citron confit beldi taillé en brunoise (petits dés)
1 petit oignon haché
3 cuil. à soupe de persil plat ciselé
3 cuil. à soupe de cerfeuil ciselé
3 cuil. à soupe de ciboulette ciselée
1 cuil. à café de coriandre moulue
1 œuf
75 g de chapelure
5 cl de crème liquide entière
Sel
Poivre du moulin

2 cuil. à soupe d'huile d'olive pour la cuisson

DANS UN SALADIER, MÉLANGEZ LA VIANDE avec le reste des ingrédients. Salez et poivrez.

AVEC LA PRÉPARATION FAÇONNEZ DES BOULETTES de la taille d'une balle de ping-pong en les roulant entre la paume de vos mains.

FAITES CHAUFFER L'HUILE D'OLIVE dans une poêle puis faites dorer les boulettes 7 minutes environ.

ACCOMPAGNEZ CES BOULETTES D'UN RISOTTO au parmesan (voir recette des boulettes de riz au fromage, p. 14).

PS : pour conserver la forme sphérique des boulettes, faites-les rouler régulièrement dans la poêle lors de la cuisson. Le citron beldi (ou citron bergamote) est une variété marocaine au parfum très subtil, que l'on trouve confit en bocal dans les rayons orientaux des supermarchés.

Boulettes **de crevettes** en habit **de trévise**

PRÉPARATION :
15 minutes
CUISSON :
4 minutes

Les courses !

POUR 6 PERSONNES

400 g de crevettes décortiquées
½ petit piment rouge
1 oignon haché
½ bouquet de coriandre
1 œuf battu
70 g de mie de pain
150 g de chapelure
1 cuil. à soupe de mayonnaise au citron
1 cuil. à soupe de moutarde aux herbes
2 cuil. à soupe d'huile d'olive
Poivre du moulin

POUR L'ACCOMPAGNEMENT :
2 citrons verts non traités
1 salade trévise

ÉMIETTEZ LE PAIN. Épépinez et hachez le piment. Rincez et ciselez la coriandre.

HACHEZ LA CHAIR DES CREVETTES. Mélangez-la avec l'œuf et l'oignon. Ajoutez la mayonnaise, la moutarde, la mie de pain, le piment et la coriandre. Poivrez et mélangez le tout.

AVEC LA PRÉPARATION FAÇONNEZ DES BOULETTES de 4 cm de diamètre. Roulez-les dans la chapelure.

FAITES CHAUFFER L'HUILE dans une poêle puis faites dorer les boulettes 4 minutes environ.

DÉGUSTEZ LES BOULETTES ROULÉES dans des feuilles de trévise, avec des quartiers de citron vert.

PS : pour former ces boulettes de crevettes, pressez convenablement le mélange afin qu'elles ne se désagrègent pas lors de la cuisson (surtout si vous utilisez des crevettes surgelées qui contiennent plus d'eau).

Boulettes de poulet, **inspiration** thaïe

PRÉPARATION :
20 minutes
CUISSON :
20 minutes

Les courses !

POUR 6 PERSONNES

300 g de blanc de poulet
300 g de cuisse de poulet désossée
1 oignon rouge haché
¼ de petit piment rouge
1 gousse d'ail hachée
1 citron vert non traité
3 cm de galanga râpé
1 bouquet de basilic thaï
3 tiges de citronnelle
50 cl de lait de coco non sucré
10 cl de bouillon de poulet
3 cuil. à soupe d'huile d'olive
Sel

ÉPÉPINEZ ET HACHEZ LE PIMENT. Rincez et ciselez le basilic. Coupez le poulet (blanc et cuisse) grossièrement puis mixez-le avec le piment et l'ail. Transvasez ce mélange dans un saladier. Ajoutez l'oignon haché, le galanga râpé et la moitié du basilic. Salez et mélangez.

AVEC LA PRÉPARATION FAÇONNEZ DES BOULETTES de la taille d'une grosse noix en les roulant entre la paume de vos mains. Éliminez les feuilles dures de la citronnelle et émincez le cœur de la tige. Râpez le zeste du citron et recueillez le jus.

FAITES CHAUFFER L'HUILE D'OLIVE dans une sauteuse puis faites dorer les boulettes pendant 5 minutes en les retournant régulièrement. Ajoutez le lait de coco, le bouillon de poulet et la citronnelle. Salez si nécessaire. Couvrez et laissez cuire 15 minutes à feu doux.

JUSTE AVANT DE SERVIR, incorporez le jus et le zeste de citron et parsemez de basilic ciselé.

RÉPARTISSEZ LES BOULETTES avec un peu de bouillon au lait de coco dans les assiettes creuses.

PS : vous pouvez ajouter quelques champignons shiitaké hachés à la préparation pour parfumer les boulettes.

Boulettes de **maquereau, sauce vierge** aux groseilles

PRÉPARATION :
20 minutes
CUISSON :
5 minutes

Les courses !

POUR 6 PERSONNES

600 g de filets de maquereau (levés par votre poissonnier)
1 oignon rouge haché
60 g de pignons
30 g de flocons d'avoine
2 citrons non traités
1 petit bouquet de coriandre ciselé
1 cuil. à soupe de graines de fenouil
2 cuil. à soupe d'huile d'olive
Sel
Poivre du moulin

POUR LA SAUCE VIERGE :
½ concombre
9 grappes de groseilles rouges
3 tiges de cive
Le jus de 1 citron
8 cuil. à soupe d'huile d'olive

TORRÉFIEZ LES GRAINES DE FENOUIL rapidement dans une poêle à sec. Écrasez-les grossièrement dans un mortier et réservez. Dans la poêle, torréfiez les pignons à sec. Réservez sur une assiette.

PRÉPAREZ LA SAUCE VIERGE : égrenez les groseilles. Pelez et épépinez le concombre puis coupez-le en brunoise. Ciselez les tiges de cive. Assemblez tous les ingrédients de la sauce dans un bol et mélangez.

RINCEZ LES FILETS DE MAQUEREAU sous un jet d'eau froide pour enlever les écailles. Épongez-les soigneusement. Supprimez les arêtes restantes. Râpez le zeste des citrons. Hachez finement au couteau la chair des filets. Mélangez-la dans un saladier avec les graines de fenouil, les pignons, l'oignon, les flocons d'avoine, les zestes de citron et la coriandre. Salez et poivrez.

AVEC LA PRÉPARATION FAÇONNEZ DES BOULETTES de la taille d'une noix. Faites chauffer l'huile d'olive dans une poêle puis faites dorer les boulettes 5 minutes en les retournant régulièrement.

DÉGUSTEZ LES BOULETTES avec la sauce vierge aux groseilles.

PS : résistez à la tentation de mixer au robot la chair du poisson, au risque d'obtenir une purée pas très ragoûtante !

Pizza aux **boulettes de bœuf,** cœur mozza

PRÉPARATION :
40 minutes
REPOS :
1 heure
CUISSON :
25 minutes

Les courses !

POUR 6 PERSONNES (2 PIZZAS)

POUR LES BOULETTES :
200 g de bœuf haché
24 billes de mozzarella
4 filets d'anchois
70 g de pecorino râpé
50 g de tapenade verte
15 g de chapelure
1 cuil. à soupe d'huile d'olive
Poivre du moulin

POUR LA PÂTE :
260 g de farine T 80
150 g de farine T 65
+ un peu pour le plan de travail
25 g de levure fraîche de boulanger
2 cuil. à soupe d'huile d'olive
25 cl d'eau tiède
1 pincée de sucre semoule
1 cuil. à café de sel

POUR LA GARNITURE :
600 g de légumes grillés mélangés (aubergines, poivrons, courgettes, artichauts...)
500 g de pulpe de tomates
2 cuil. à café d'origan
1 cuil. à soupe d'huile d'olive
Sel et poivre du moulin

À **table !**

PRÉPAREZ LA PÂTE : délayez la levure dans l'eau tiède, avec le sucre. Laissez lever jusqu'à ce que le mélange mousse. Dans le bol d'un robot, versez les deux farines, le sel et l'huile d'olive. Ajoutez la levure délayée et mélangez avec le crochet pétrin en donnant des impulsions rapides : lorsque la pâte forme une boule, arrêtez l'appareil (si la pâte colle, ajoutez un peu de farine). Partagez la boule en deux. Laissez reposer 1 heure à température ambiante sous un torchon humide.

ÉGOUTTEZ ET ÉPONGEZ les billes de mozzarella.

ÉCRASEZ LES FILETS D'ANCHOIS à la fourchette dans un saladier. Ajoutez la viande, la tapenade, le pecorino, la chapelure et donnez quelques tours de moulin à poivre. Mélangez bien le tout.

FAÇONNEZ 24 PETITES BOULETTES : déposez 1 petite cuillerée à café de préparation à la viande sur la paume d'une main, placez 1 bille de mozzarella au centre et refermez la pâte pour former une petite boule (veillez à ne pas faire de paroi de viande trop épaisse autour du fromage). Faites chauffer l'huile d'olive dans une poêle puis faites dorer les boulettes 3 minutes sur feu vif. Réservez. Préchauffez le four à 200 °C (th. 6-7).

ÉTALEZ 1 BOULE DE PÂTE sur le plan de travail légèrement fariné et formez une bordure de pâte un peu plus épaisse. Disposez la pâte sur une plaque à pâtisserie recouverte de papier sulfurisé. Étalez la pulpe de tomates, saupoudrez d'origan et répartissez les légumes grillés. Salez, poivrez et arrosez d'un filet d'huile d'olive. Réalisez de la même façon la seconde pizza.

ENFOURNEZ LES PIZZAS pendant 20 minutes puis ajoutez les boulettes sur le dessus et continuez la cuisson au four pendant 5 minutes. Servez aussitôt.

PS : l'option flemmarde consiste à utiliser une bonne pâte à pizza du commerce et des légumes grillés surgelés !

Boulettes de **porc** parfumées **à la vapeur**

PRÉPARATION :
15 minutes
TREMPAGE :
20 minutes
CUISSON :
10 minutes

Les courses !

POUR 6 PERSONNES

600 g d'échine de porc hachée
Quelques feuilles de laitue
6 champignons noirs parfumés déshydratés
3 oignons frais avec leur tige verte émincés
2 gousses d'ail hachées
1 œuf battu
½ bouquet de coriandre ciselé
2 cuil. à soupe de fécule de maïs
2 cm de gingembre finement haché
1 cuil. à soupe de mélange cinq parfums
1 cuil. à soupe de sauce soja
1 cuil. à soupe d'huile de sésame
Sel
Poivre du moulin

RÉHYDRATEZ LES CHAMPIGNONS dans un bol d'eau tiède pendant 20 minutes. Essorez et émincez.

DANS UN SALADIER, DÉPOSEZ LA VIANDE. Ajoutez les champignons et le reste des ingrédients. Poivrez et salez modérément (la sauce soja étant elle-même salée). Mélangez bien le tout.

AVEC LA PRÉPARATION FAÇONNEZ DES BOULETTES de la taille d'une noix.

PLACEZ LES BOULETTES DANS UN PANIER VAPEUR en bambou tapissé de feuilles de laitue (afin que les boulettes ne collent pas au panier). Faites cuire 10 minutes environ.

PS : délicieux avec une tombée de pak choï à l'huile de sésame-ail.

Königsberger klopse à ma façon

PRÉPARATION :
25 minutes
CUISSON :
20 minutes

Les courses !

POUR 6 PERSONNES

350 g de veau haché
250 g de porc haché
1 poireau
2 tranches de pain de mie
3 filets d'anchois au sel
2 gros oignons
Le zeste et le jus de 1 citron non traité
1 œuf entier légèrement battu + 1 jaune
40 g de farine
60 g de câpres égouttées
3 feuilles de laurier
2 branches de thym
6 brins de persil plat ciselés
35 g de beurre
12 cl de crème liquide
10 cl de vin blanc sec
3 cuil. à soupe de lait
1 grosse cuil. à soupe de moutarde
Sel
Poivre du moulin

PELEZ 1 OIGNON ET COUPEZ-LE en gros morceaux. Émincez grossièrement le poireau. Dans une grande casserole, portez 1,5 litre d'eau salée à ébullition avec le thym, le laurier, le poireau et l'oignon. Laissez frémir le temps de préparer les boulettes.

FAITES TREMPER LE PAIN ÉMIETTÉ DANS LE LAIT. Pelez et hachez l'autre oignon. Écrasez les anchois à la fourchette. Dans un saladier, mélangez les viandes avec l'œuf entier, le pain essoré, l'oignon, les anchois, le zeste de citron et la moutarde. Salez modérément et poivrez.

AVEC LA PRÉPARATION FAÇONNEZ DES BOULETTES de la taille d'une grosse noix. Plongez les boulettes dans le bouillon frémissant et laissez pocher 10 à 12 minutes : elles sont cuites lorsqu'elles remontent à la surface (procédez en plusieurs fois). Égouttez les boulettes avec une écumoire et réservez-les au chaud.

FILTREZ LE BOUILLON DE CUISSON (il doit en rester environ 75 cl). Dans une casserole, réalisez un roux avec le beurre et la farine. Ajoutez progressivement le bouillon sans cesser de mélanger jusqu'à ce que la sauce épaississe. Ajoutez le vin blanc, les boulettes et les câpres.

DANS UN BOL, FOUETTEZ LE JAUNE D'ŒUF et la crème liquide. Ajoutez ce mélange dans la casserole et liez le tout. Éteignez le feu et versez la moitié du jus de citron. Servez les boulettes nappées de sauce et parsemées de persil avec des pommes de terre vapeur.

Billes **de gnocchis** **au beurre** de sauge

veggie

PRÉPARATION :
20 minutes
CUISSON :
30 minutes

Les courses !

POUR 6 PERSONNES

1 kg de pommes de terre
250 g de farine
1 œuf
65 g de pignons de pin
1 douzaine de feuilles de sauge
Parmesan fraîchement râpé
80 g de beurre demi-sel
1 pincée de noix de muscade
1 cuil. à café de sel
Poivre du moulin

DANS UNE CASSEROLE, FAITES FONDRE LE BEURRE sur feu doux avec les feuilles de sauge. Ajoutez les pignons de pin. Mélangez et laissez chauffer jusqu'à ce que le beurre mousse. Réservez au chaud.

LAVEZ LES POMMES DE TERRE et déposez-les dans une marmite d'eau salée. Portez à ébullition puis laissez cuire 20 minutes environ. Égouttez-les et épluchez-les (l'opération est plus facile lorsque les pommes de terre sont encore chaudes). Passez la chair des pommes de terre au presse-purée. Mélangez-la avec la farine, l'œuf, la noix de muscade et le sel : la pâte doit devenir homogène et souple sans coller (ajoutez un peu de farine si nécessaire).

AVEC LA PRÉPARATION FAÇONNEZ DES ROULEAUX de 1,5 cm de diamètre et coupez-les tous les 1,5 cm. Roulez rapidement les gnocchis entre vos deux mains pour leur donner une forme arrondie.

PLONGEZ LES BILLES DE GNOCCHIS dans une grande marmite d'eau bouillante salée. Lorsqu'elles remontent à la surface, elles sont cuites. Récupérez-les à l'aide d'une écumoire.

RETIREZ LES FEUILLES DE SAUGE du beurre et faites-y revenir doucement les gnocchis. Servez-les saupoudrés de parmesan râpé et d'un tour de moulin à poivre.

PS : amusez-vous à varier les formats des boulettes dans un même plat !

À **table !**

Couscous de boulettes d'agneau aux graines de nigelle

PRÉPARATION :
25 minutes
TREMPAGE :
1 nuit
CUISSON :
1 heure

Les courses !

POUR 6 PERSONNES

400 g d'agneau haché
500 g de semoule fine
100 g de boulgour
1 grosse boîte de tomates pelées (800 g) avec le jus
200 g de pois chiches secs
2 oignons hachés
3 branches de céleri émincées
40 g de pistaches non salées
½ bouquet de menthe ciselé
½ bouquet de coriandre ciselé
2 cuil. à café de graines de nigelle
2 cuil. à café de ras-el-hanout
2 cuil. à soupe d'huile d'olive
Sel
Poivre du moulin

LA VEILLE, FAITES TREMPER LES POIS CHICHES.

LE JOUR MÊME, FROTTEZ LES POIS CHICHES énergiquement dans l'eau de trempage à plusieurs reprises afin que les petites peaux se détachent au maximum. Réservez. Hachez les pistaches au couteau. Dans un saladier, mélangez l'agneau avec la moitié des oignons, le boulgour, les pistaches et la menthe. Salez et poivrez.

AVEC LA PRÉPARATION, FAÇONNEZ DES BOULETTES de la taille d'une grosse noix. Dans une marmite, faites chauffer 1 cuillerée à soupe d'huile puis faites dorer 3 à 4 minutes les boulettes sur toutes les faces. Réservez-les sur une assiette.

FAITES CHAUFFER LE RESTE D'HUILE D'OLIVEdans la marmite puis faites revenir le céleri et le reste d'oignons jusqu'à ce qu'ils soient translucides. Ajoutez les tomates pelées, le ras-el-hanout et les pois chiches. Versez 40 cl d'eau et portez à ébullition. Baissez ensuite le feu et faites cuire 30 minutes. Ajoutez alors les boulettes et laissez mijoter 30 minutes à feu doux.

PRÉPAREZ LA SEMOULE selon les indications mentionnées sur l'emballage. Juste avant de servir, parsemez le couscous de graines de nigelle et de coriandre ciselée.

PS : évidemment, si vous avez un couscoussier, c'est encore mieux !

Boulettes **de lapin** à **la Savora**® et à **l'estragon**

PRÉPARATION :
15 minutes
CUISSON :
15 minutes

Les courses !

POUR 6 PERSONNES

700 g de chair de lapin hachée
1 œuf
2 tranches de pain de mie
5 brins d'estragon
2 cuil. à soupe de Savora®
4 cuil. à soupe de lait
15 cl de vin blanc sec
50 cl de crème liquide
2 cuil. à soupe d'huile
Sel
Poivre du moulin

ÉMIETTEZ LE PAIN ET FAITES-LE TREMPER dans un bol avec le lait. Essorez-le.

EFFEUILLEZ ET CISELEZ 3 BRINS D'ESTRAGON. Dans un saladier, mélangez la viande avec le pain, la Savora®, l'œuf et l'estragon ciselé.

AVEC LA PRÉPARATION, FAÇONNEZ DES BOULETTES de la taille d'une noix.

DANS UNE SAUTEUSE, FAITES CHAUFFER L'HUILE puis faites dorer les boulettes sur toutes les faces 10 minutes environ en les retournant régulièrement.

DÉGLACEZ LA SAUTEUSE AVEC LE VIN BLANC en raclant bien les sucs de cuisson. Ajoutez la crème, salez et poivrez. Lorsque la sauce bout, diminuez le feu et prolongez la cuisson 5 minutes.

SERVEZ LES BOULETTES PARSEMÉES du reste de feuilles d'estragon.

PS : et si on préparait une polenta moelleuse avec ces boulettes de lapin ?

Boulettes **de parmentier** de **canard**

PRÉPARATION :
15 minutes
CUISSON :
40 minutes
REPOS :
1 heure

Les courses !

POUR 6 PERSONNES

3 cuisses de canard confites
300 g de pommes de terre
3 échalotes hachées
1 bouquet de ciboulette ciselé
1 œuf
100 g de chapelure japonaise
4 cuil. à soupe de beurre clarifié
1 cuil. à soupe d'huile pour le plat
Poivre du moulin

ÉPLUCHEZ ET LAVEZ LES POMMES DE TERRE. Déposez-les dans une casserole d'eau froide salée. Portez à ébullition et faites cuire 20 minutes environ (vérifiez la cuisson avec la pointe d'un couteau). Égouttez-les et écrasez-les aussitôt à la fourchette.

EFFILOCHEZ LA CHAIR DU CANARD. Dans un saladier, mélangez le canard avec les pommes de terre, les échalotes, l'œuf et la ciboulette. Donnez quelques tours de moulin à poivre. Laissez reposer 1 heure au frais.

PRÉCHAUFFEZ LE FOUR À 200 °C (TH. 6-7).
Avec la préparation façonnez des boulettes de la grosseur d'une noix. Roulez-les dans la chapelure.

DÉPOSEZ LES BOULETTES DANS UN PLAT HUILÉ.
Enfournez pendant 20 minutes en les retournant et en les arrosant régulièrement de beurre clarifié.

ET EN ACCOMPAGNEMENT ? Un peu de verdure s'impose !

PS : pour obtenir un beurre clarifié, faites chauffer le beurre sur feu doux et éliminez la mousse blanche qui fait surface. Ce beurre supporte des températures de cuisson élevées sans noircir.

Brochettes **nipponnes**

PRÉPARATION :
15 minutes
CUISSON :
13 minutes
REPOS :
1 heure
TREMPAGE :
3 heures

Les courses !

POUR 6 PERSONNES

600 g de blancs de poulet
1 blanc de poireau
1 œuf
12 cuil. à soupe de chapelure japonaise
1 cuil. à café de gingembre frais râpé
2 cuil. à soupe de sauce soja
2 cuil. à soupe d'huile pour la cuisson

POUR LA SAUCE
10 cl de sauce soja
1 cuil. à café de gingembre frais râpé
90 g de sucre semoule
5 cl de mirin (saké doux pour la cuisine)

MATÉRIEL
brochettes en bambou

FAITES TREMPER LES BROCHETTES EN BAMBOU 3 heures dans l'eau afin d'éviter qu'elles noircissent à la cuisson.

DANS UN BOL, MÉLANGEZ LES INGRÉDIENTS DE LA SAUCE jusqu'à dissolution du sucre. Réservez.

ÉMINCEZ LE BLANC DE POIREAU ET HACHEZ LE POULET. Dans un saladier, mélangez le poulet, le poireau, l'œuf, la chapelure, la sauce soja et le gingembre. Réservez 1 heure au frais (les boulettes seront ainsi plus faciles à former).

AVEC LA PRÉPARATION, FAÇONNEZ DES BOULETTES de la grosseur d'une noix. Enfilez délicatement 3 boulettes sur les brochettes en bambou sans trop les serrer.

FAITES CHAUFFER L'HUILE dans une sauteuse puis faites dorer les brochettes 10 minutes en les retournant régulièrement.

VERSEZ LA SAUCE DANS LA SAUTEUSE et laissez mijoter quelques minutes à feu vif le temps qu'elle épaississe. Diminuez le feu et laissez cuire 3 minutes à couvert. Servez aussitôt.

Linguine aux boulettes de veau, sauge et crème

PRÉPARATION :
15 minutes
CUISSON :
15 minutes

Les courses !

POUR 6 PERSONNES

600 g de linguine
300 g de veau haché
4 fines tranches de pancetta
2 échalotes émincées
2 citrons non traités
10 feuilles de sauge ciselées
70 g de parmesan râpé
1 œuf
50 g de chapelure
3 cl de lait
30 cl de crème fleurette
30 g de beurre
Sel
Poivre du moulin

RINCEZ ET SÉCHEZ LES CITRONS. Râpez les zestes. Réservez. Hachez la pancetta grossièrement au couteau.

DANS UN SALADIER, MÉLANGEZ LE VEAU, la pancetta, les échalotes, l'œuf, le lait, le parmesan, la chapelure et la sauge. Salez modérément et poivrez.

AVEC LA PRÉPARATION FAÇONNEZ DES BOULETTES de 3 cm de diamètre en les roulant entre la paume de vos mains.

FAITES FONDRE LE BEURRE DANS UNE POÊLE puis faites revenir les boulettes 7 minutes sur toutes les faces en les retournant régulièrement. Lorsqu'une belle croûte dorée s'est formée autour des boulettes, ajoutez la crème fleurette et laissez cuire 2 minutes sur feu vif en raclant le fond de la poêle pour diluer les sucs.

PLONGEZ LES LINGUINE DANS UNE GRANDE CASSEROLE d'eau bouillante salée. Remuez et faites-les cuire al dente en suivant les indications de l'emballage. Égouttez-les.

SERVEZ LES LINGUINE parsemées de zestes de citron avec les boulettes et leur sauce à la crème.

PS : la chapelure maison, c'est tellement bon, pratique et économique ! Rassemblez tous vos petits morceaux de pain rassis. Un petit coup de mixeur et le tour est joué : à réserver dans une boîte hermétique pour toutes les occasions.

Boulettes aux **trompettes**

PRÉPARATION :
15 minutes
CUISSON :
25 minutes

Les courses !

POUR 6 PERSONNES

30 g de trompettes de la mort séchées
400 g de bœuf haché
300 g de porc haché
1 oignon haché
3 gousses d'ail hachées
1 petit bouquet de persil plat ciselé
2 œufs légèrement battus
150 g de chapelure
100 g de parmesan râpé
20 cl de vin blanc sec
20 cl de crème liquide
65 g d'amandes effilées
6 cuil. à soupe d'huile d'olive
Sel
Poivre du moulin

RÉHYDRATEZ LES CHAMPIGNONS dans 60 cl d'eau chaude pendant 20 minutes environ.

ESSOREZ LES CHAMPIGNONS ET HACHEZ-LES. Filtrez l'eau des champignons et réservez.

TORRÉFIEZ RAPIDEMENT LES AMANDES EFFILÉES dans une poêle à sec. Réservez.

DANS UN SALADIER, MÉLANGEZ LES VIANDES, les champignons, l'oignon, l'ail, le persil, les œufs, la chapelure et le parmesan. Salez et poivrez.

AVEC LA PRÉPARATION FAÇONNEZ DES BOULETTES de 4 cm de diamètre. Faites chauffer l'huile d'olive dans une poêle puis faites dorer les boulettes 10 minutes en les retournant régulièrement. Versez l'eau des champignons dans la poêle et continuez la cuisson 10 minutes en décollant les sucs. Ajoutez le vin blanc et portez à ébullition. Incorporez la crème liquide et éteignez le feu.

SERVEZ LES BOULETTES nappées de sauce et parsemées d'amandes torréfiées.

PS : en saison, ne vous privez pas du plaisir d'utiliser des champignons frais selon les étals du marché. Les cèpes se marient délicieusement à cette recette.

Salade **maboule**
veggie

PRÉPARATION :
15 minutes
SANS CUISSON

Les courses !

POUR 6 PERSONNES

20 billes de mozzarella
2 concombres
¼ de pastèque
3 pommes granny smith
125 g de groseilles rouges
½ botte de radis rouges bien sphériques

POUR LA VINAIGRETTE
20 brins de cerfeuil ciselés
5 cl de vinaigre de pomme
Sel
Poivre du moulin

ÉGOUTTEZ ET ÉPONGEZ LES BILLES DE MOZZARELLA. Épluchez les concombres.

PELEZ LES POMMES et ôtez le cœur au vide-pomme.

ENLEVEZ LA PARTIE FIBREUSE et les pépins de la pastèque.

À L'AIDE DE CUILLÈRES PARISIENNES de différentes grosseurs, prélevez des billes de concombre, de pomme et de pastèque.

ÉGRENEZ LES GROSEILLES. Nettoyez les radis et tigrez-les avec un zesteur. Assemblez tous les ingrédients dans un saladier.

PRÉPARZ LA VINAIGRETTE en mélangeant tous les ingrédients. Versez-la dans le saladier et remuez délicatement.

PS : voici une recette aussi plaisante à l'œil qu'agréable au palais !

Aebleskivers surprises

PRÉPARATION :
10 minutes
CUISSON :
6 minutes par poêlée
REPOS :
1 heure

Les courses !

POUR UNE TRENTAINE DE PIÈCES

250 g de farine tamisée
1 sachet de levure chimique
60 g de sucre semoule
3 œufs battus
50 cl de lait ribot (lait fermenté)
1 grosse pincée de bicarbonate
3 pincées de cannelle en poudre
100 g de beurre demi-sel fondu
15 caramels mous au beurre salé
1 pincée de sel
Sucre glace et cannelle (facultatif) pour la déco
Huile neutre pour la poêle

DANS UN SALADIER, MÉLANGEZ LA FARINE avec le sucre, la cannelle, le sel, la levure et le bicarbonate. Creusez un puits et incorporez les œufs. Versez le lait et le beurre fondu. Mélangez le tout pour obtenir un appareil homogène comme une pâte à crêpes. Laissez reposer sous un linge à température ambiante pendant 1 heure.

FAITES CHAUFFER LA POÊLE À AEBLESKIVERS sur feu moyen. Graissez les empreintes avec de l'huile à l'aide d'un pinceau en silicone. Versez 1 petite cuillerée à soupe de pâte dans chaque empreinte. Laissez cuire 2 minutes afin que la pâte commence à former une légère croûte sur le pourtour. Déposez ensuite ½ caramel au centre de chaque empreinte puis recouvrez d'une autre petite cuillerée à soupe de pâte. Lorsqu'elle croûte sur les parois des empreintes, retournez délicatement chaque boule à l'aide de 2 petites piques en bois. Laissez cuire encore 2 minutes.

DÉMOULEZ LES AEBLESKIVERS avec les petites piques en bois. Saupoudrez-les de sucre glace ou d'un mélange sucre glace cannelle. Dégustez chaud comme des gaufres.

PS : pour réaliser cette recette d'origine danoise, il faut une poêle spécifique avec des empreintes demi-sphériques. Vous pouvez l'acheter sur Internet, pour un prix modique.

Boulettes orientales à la fleur **d'oranger**

PRÉPARATION :
15 minutes
CUISSON :
5 minutes

Les courses !

POUR 6 PERSONNES

120 g de pistaches nature
120 g d'amandes mondées
120 g de cacahuètes nature
120 g de miel liquide
3 cuil. à soupe d'eau de fleur d'oranger

HACHEZ LES FRUITS SECS AU COUTEAU (ne les mixez pas au risque d'obtenir de la poudre).

DANS UNE POÊLE CHAUDE, torréfiez les fruits hachés rapidement à sec.

DANS UNE CASSEROLE, FAITES TIÉDIR LE MIEL avec l'eau de fleur d'oranger. Ajoutez les fruits torréfiés et mélangez. Laissez refroidir quelques minutes.

AVEC LA PRÉPARATION FAÇONNEZ DES BOULETTES de 2 à 3 cm de diamètre.

DÉGUSTEZ CES BOULETTES avec un thé à la menthe.

PS : pour former les boulettes sans que la préparation colle aux doigts, humectez légèrement vos mains.

Cake **pops**

PRÉPARATION :
25 minutes
CUISSON :
3 minutes
REPOS :
30 minutes

Les courses !

POUR UNE VINGTAINE DE CAKE POPS

200 g de gâteau au yaourt refroidi
200 g de fromage frais type Philadelphia®
200 g de chocolat blanc
30 g de pralin en grains
Sucres de couleur pour la déco

MATÉRIEL
bâtonnets à sucettes

ENLEVEZ LA CROÛTE DU GÂTEAU. Émiettez le gâteau et mélangez-le avec le fromage frais et le pralin.

AVEC LA PRÉPARATION FAÇONNEZ DES BOULETTES de 3 cm de diamètre. Réservez-les sur une assiette au moins 30 minutes au frais.

FAITES FONDRE LE CHOCOLAT dans une casserole au bain-marie.

TREMPEZ L'EXTRÉMITÉ D'UN BÂTONNET de sucette dans le chocolat et plantez-le dans 1 boule. Trempez ensuite la boule de pâte dans le chocolat, en laissant égoutter le surplus.

PARSEMEZ LES CAKE POPS de sucres de couleur ou autres décorations de votre choix.

PLANTEZ LES SUCETTES ainsi obtenues sur un morceau de polystyrène et réservez au frais jusqu'à durcissement du chocolat.

PS : le principe de ces fantaisies est simple. On utilise des quantités égales de gâteau type cake, de pâte à tartiner ou fromage frais (pour lier les miettes du gâteau) et un glaçage au chocolat. Après, à vous d'imaginer toutes les décos et facéties que vous voulez !

Daifuku moshi au thé vert, cœur de **fraise**

PRÉPARATION :
30 minutes
CUISSON :
4 à 5 minutes
REPOS :
30 minutes

Les courses !

POUR 12 DAIFUKU MOSHI

12 petites fraises mara des bois bien rondes
150 g de pâte de haricot rouge sucrée, sans morceaux (anko)
150 g de farine de riz gluant (shiratamako)
60 g de fécule de pomme de terre (katakuriko)
1 cuil. à café de thé vert matcha tamisé
40 g de sucre glace
12,5 cl d'eau

RINCEZ ET SÉCHEZ DÉLICATEMENT LES FRAISES, coupez le pédoncule. Recouvrez les fraises d'une fine couche de pâte de haricot rouge en veillant à leur donner une belle forme arrondie. Réservez-les sur une assiette sous un film alimentaire pendant 30 minutes au réfrigérateur.

MÉLANGEZ LA FARINE DE RIZ GLUANT AU THÉ MATCHA. Dans un saladier, mélangez au fouet l'eau et le sucre glace. Ajoutez le mélange thé-farine. Faites chauffer le tout au micro-ondes 1 minute à puissance moyenne. Mélangez et passez à nouveau 1 minute au micro-ondes. Recommencez plusieurs fois (en mélangeant) jusqu'à ce que la pâte s'épaississe, devienne collante et souple.

SAUPOUDREZ VOS MAINS DE FÉCULE DE POMME DE TERRE et déposez l'équivalent d'une grosse noix de pâte dans la paume d'une main. Aplatissez-la avec le pouce de l'autre main et étirez délicatement. Placez 1 fraise recouverte d'anko au centre et refermez la pâte de manière à envelopper la boule de fraise. Pincez la pâte pour souder les bords et roulez-la entre la paume de vos mains afin de former une boule.

POSEZ LES DAIFUKU RÉALISÉS SUR UNE ASSIETTE saupoudrée de fécule. Laissez refroidir à température ambiante.

PS : travaillez rapidement la pâte, car elle durcit vite. Évitez également de la chauffer trop. Ce délice nippon est à consommer le jour même.

Truffes chocolat au poivre de **Voatsiperifery**

PRÉPARATION :
20 minutes
CUISSON :
3 minutes
REPOS :
45 minutes

Les courses !

POUR UNE TRENTAINE DE TRUFFES

200 g de chocolat noir à pâtisser (65 %) de très bonne qualité
100 g de poudre de cacao amer tamisée
25 g de miel liquide
15 cl de crème fleurette
30 g de beurre doux à température
25 grains environ de poivre de Voatsiperifery

HACHEZ LE CHOCOLAT AU COUTEAU. Déposez-le dans un saladier.

ÉCRASEZ FINEMENT LES GRAINS DE POIVRE dans un mortier ou avec le plat d'un couteau.

PORTEZ LA CREME FLEURETTE À EBULLITION dans une casserole à ébullition avec le miel. Versez progressivement sur le chocolat en mélangeant vivement. Ajoutez le beurre coupé en dés et le poivre. Mélangez jusqu'à l'obtention d'une texture homogène. Laissez refroidir puis réservez 45 minutes au réfrigérateur afin que le chocolat durcisse.

FAÇONNEZ DES PETITES BOULES DE CHOCOLAT entre la paume de vos mains.

ROULEZ LES TRUFFES DANS LA POUDRE DE CACAO. Réservez-les au frais.

PS : le poivre de Voatsiperifery, originaire de Madagascar, est très doux et aromatique. Je vous conseille vivement d'en acheter quelques grammes : une fois testé, vous ne pourrez plus vous en passer !

Mystères et boule de **glace**

PRÉPARATION :
25 minutes
+ Temps de prise en glace selon l'apareil
CUISSON :
10 minutes
REPOS :
3 heures

Les courses !

POUR 6 PERSONNES

50 cl de lait entier
2 gousses de vanille
6 jaunes d'œufs
150 g de sucre semoule
25 cl de crème fleurette
240 g de pralin en grains
12 petites meringues
Miel liquide

MATÉRIEL
moules à empreintes demi-sphériques en silcone de 5 cm de diamètre.

DANS UNE CASSEROLE, PORTEZ LE LAIT À ÉBULLITION avec les gousses de vanille fendues dans la longueur (raclez les graines avec la lame d'un couteau et ajoutez-les dans la casserole). Arrêtez le feu et laissez infuser 20 minutes à couvert. Filtrez ensuite le lait et remettez sur feu doux.

DANS UN SALADIER, FOUETTEZ LES JAUNES D'ŒUFS avec le sucre jusqu'à ce que le mélange blanchisse. Versez petit à petit le lait bouillant tout en fouettant. Transvasez le tout dans une casserole et faites chauffer sur feu doux sans cesser de remuer jusqu'à ce que la crème nappe la cuillère (elle ne doit surtout pas bouillir). Hors du feu, incorporez la crème fleurette. Laissez refroidir.

VERSEZ LA CRÈME ANGLAISE dans une sorbetière ou une turbine et faites prendre en glace (elle doit rester souple).

RÉPARTISSEZ LA CRÈME GLACÉE aux deux tiers dans les empreintes du moule.

ENFONCEZ 1 MERINGUE au centre de chaque empreinte et complétez avec de la glace. Égalisez la surface. Réservez au congélateur 3 heures minimum.

JUSTE AVANT DE SERVIR, démoulez 2 demi-sphères sur chaque assiette et collez-les avec un filet de miel pour obtenir un mystère. Parsemez la surface de grains de pralin.

PS : si vous manquez de temps, vous pouvez toujours réaliser ces mystères avec une bonne glace du commerce (assouplissez-la à l'aide d'une cuillère en bois).

Bubble **tea glacé** du dragon **vert**

PRÉPARATION :
5 minutes
CUISSON :
16 minutes
REPOS :
5 minutes

Les courses !

POUR 1 VERRE

15 cl de thé vert au jasmin bien froid
2 grappes de groseilles rouges
25 g de grosses perles de tapioca
10 cl de lait de soja
5 cl de sirop d'estragon
Glaçons ou glace pilée

MATÉRIEL
Pailles très larges

JETEZ LES PERLES DE TAPIOCA dans une grande quantité d'eau bouillante et faites cuire 16 minutes à partir de la reprise de l'ébullition. Laissez reposer 5 minutes dans l'eau de cuisson. Égouttez les perles et passez-les sous l'eau froide.

RINCEZ ET ÉGRENEZ 1 grappe de groseilles.

DANS UN SHAKER, MÉLANGEZ VIVEMENT LE THÉ avec le lait de soja et le sirop d'estragon en ajoutant des glaçons ou de la glace pilée.

DÉPOSEZ LES PERLES DE TAPIOCA dans le fond d'un verre et les groseilles. Versez le mélange de thé par-dessus. Décorez avec l'autre grappe de groseilles.

DÉGUSTEZ AVEC UNE PAILLE XXL adaptée pour pouvoir aspirer les billes de tapioca.

PS : originaire de Taiwan, le bubble tea déferle sur toute la planète foodista. Vous trouverez même des kits (produits et matériel) à bubble tea sur des sites spécialisés français.

Table des recettes

FINGER **FOOD**

À **TABLE**

BECS SUCRÉS

Remerciements

Mille mercis aux boutiques et marques suivantes,
qui ont mis à ma disposition leurs jolies collections
pour réaliser les photos de cet ouvrage.

Astier de Villatte, 173 rue Saint-Honoré,
75001 Paris, www.astierdevillatte.com

Mealplak, www.mealplak.com

Peintures Ressource,
www.ressource-peintures.com

Staub, www.staub.fr

Merci à Florence Lécuyer et Antoine Cam
de m'avoir renouvelé leur confiance pour ce nouvel opus.

Merci à ma tribu chérie d'avoir joué
le jeu du tout sphérique le temps de cet ouvrage.

Merci à Aimery Chemin pour ces parties de boules
endiablées si joliment mises en images.

Département éditorial Art de Vie

Achevé d'imprimer en avril 2013
Photogravure : APS Chromostyle
Dépôt légal : Mai 2013
Imprimé en France par Pollina - L63947

Totalement irrésistibles !

IRRÉSISTIBLES · IRRÉSISTIBLES ·